Mit den besten Wünschen

_____

_____

Jeden Tag aufs Neue

Wenn ich Deinen Namen rufe
heute und an jedem anderen Tag -
weiß ich, dass Du da bist.
Ich spüre dieses Vertrauen
mit jedem Tag mehr.
Dieses Vertrauen, dass Du bei mir bist –

mit Deiner göttlichen Kraft,
mit Deiner göttlichen Liebe,
mit Deiner göttlichen Freude,
die all meine Gedanken,
die mein ganzes Leben
an diesem Tag erfüllen mögen.

Denn es ist jeden Tag aufs Neue schön,
es tut jeden Tag aufs Neue gut,
Dich bei mir zu wissen.
Dich neben mir zu spüren.

An Dich denken...

Wenn ich nicht mehr weiter weiß –
schenkst Du mir Klarheit
und zeigst mir den Weg.

Wenn ich zu zweifeln beginne –
richtest Du mich auf
und erfüllst mich mit neuem Selbstvertrauen.

Darum will ich an Dich denken -
jetzt und jederzeit -
liebender Schöpfervater,
denn Du weißt am besten,
was ich brauche,
was der beste Weg für mich ist.
Danke.

Die Antwort
auf meine Fragen

Wie soll man eine Antwort verstehen,
wenn man inmitten
von Lärm und Unruhe lebt?

Die Stimme des Herzens ist leise
wie das Flüstern des Windes.

Wenn ich mich vom Trubel
des Alltags zurückziehe,
vermag ich sie deutlicher zu verstehen -
die Stimme meines Herzens,
die Antwort auf meine Fragen.

Du gibst mir neue Kraft und neuen Mut

Deinen Namen will ich rufen,
wenn ich von den unterschiedlichen Lasten
des Tages müde bin.

- Denn Du gibst mir neue Kraft.

Deinen Namen will ich rufen,
wenn ich mich an den Ecken und Kanten
des Alltags aufzureiben drohe.

- Denn Du gibst mir neuen Mut.

Deinen Namen will ich rufen,
wenn ich Deine Spur,
wenn ich Deine sanfte Hand
verzweifelt unter den Menschen suche.

- Denn Du gibst mir
  neue Hoffnung
  und neues Vertrauen.

Deinen Namen will ich rufen,
wenn ich Deine Liebe
 in mir vermisse.

- Denn du gibst mir
  neue Kraft und neuen Mut.
- Denn du stärkst mich
  mit Deiner Liebe
  in meinem Herzen.

Neue Zuversicht

Deine Weisheit
beantwortet mir jede Frage,
Deine Kraft
führt mich durch alle Tage.
So erfüllt mein Sein
sich mit neuer Zuversicht,
denn ich weiß,
dass ich mit Deiner Liebe
verbunden bin.

Glauben

Meine Probleme übergebe ich Dir, guter Gott.
Und im Glauben an Deine unendliche Macht
und Güte vertraue ich darauf,
dass Du mich und all meine Lieben beschützt
und uns immer die richtigen Wege zeigst. Danke.

In der Hoffnung leben

Auch an diesem Tag
will ich in dem Vertrauen leben,
dass DU all meine Ängste und Sorgen
spürst.

Auch an diesem Tag
will ich in der Hoffnung leben,
dass DU wie ein guter Hirte
mich sicher auf all meinen Wegen führst.

Auch an diesem Tag
will ich in der Hoffnung leben,
dass DU, mein treuer Gott,
bei mir bist
und ich bitte Dich:
stärke mein Vertrauen
in Deine schützenden Hände.

Auch an diesem Tag
will ich in der Hoffnung leben,
dass DU, Gott,
die Freude in meinem Herzen bist
und mich unendlich liebst.

Danke

Ich sage „Danke" –
Dafür, dass Du da bist,
wenn ich Dich rufe,
wenn ich Dich brauche.
Dafür möchte ich
einfach „Danke" sagen.

Deine Liebe

Wohin führt dieses Leben?
Nackt wurden wir geboren.
Wir sind alle verschieden
und doch ist jeder Mensch einmalig.

Das Leben hat jeden von uns
auf andere Art und Weise beschenkt.
Viele haben Liebe erfahren
im Laufe ihres Lebens.
Manche haben gehofft, gebangt,
geträumt und sich gefreut.

Jeder von uns ging im Laufe seines Lebens
durch Enttäuschungen und Schwierigkeiten.
Und doch gibt es einen Fixstern,
auf den wir alle zugehen,
und doch fühlen wir uns immer wieder angezogen
von der Liebe in dieser Welt,
von der Liebe, die scheinbar aus dem Unsichtbaren
zu uns spricht.

Heute weiß ich,
dass es Deine Liebe ist,
aus der heraus alles entstand.
Und wo alle Wege, alles Sehnen, alles Streben
letztlich hinführt.
Deine Liebe,
die Du für jeden von uns bereithältst.
die Du jedem von uns schenkst,
der sich dafür öffnet.
Deine Liebe, für die ich Dir, guter Gott,
heute von ganzem Herzen danken möchte.

Dein Segen

Manchmal hilft mir einfach
der Gedanke daran,
dass DU jeden von uns
unendlich liebst.
Auch heute hilft mir
das Vertrauen darauf,
dass - mit Deiner Hilfe - alles möglich ist.

Wenn ich den Lauf der Dinge nicht in allem
nachzuvollziehen vermag,
so weiß ich doch,
dass in Deiner göttlichen Weisheit
alle Wege „geordnet sind"
und letztlich zu Dir führen.
So gehe ich gelassen durch diesen Tag
und spüre dankbar
Deinen Segen über meinem Weg.

Hoffnung und Vertrauen

Manchmal bin ich verzagt
und möchte mich am liebsten den ganzen Tag
über mein Leben beklagen.
Dabei habe ich oft „das Beste" vergessen –
Deine Nähe, Deine Kraft und Deine Liebe.

Darum bitte ich Dich, erinnere mich immer daran,
erinnere mich immer rechtzeitig daran,
dass Du nur einen Gedanken weit weg von mir bist.
Dass Du nur darauf wartest,
mir in meinem Leben helfen zu können
und dass Du das Beste für mich bereit hältst.

Guter Gott, mein Freund in meinem Herzen,
Du gibst mir Kraft,
Du stärkst meine Hoffnung und mein Vertrauen.
Du gibst mir Sicherheit und all das, was ich brauche –
auf dem Weg mit Dir – Du Freund meines Herzens.

Herausforderungen meistern

Wenn man bedenkt, wie oft man im Leben schon
vor unüberwindlichen Hindernissen stand
und – rückblickend gesehen –
immer einen Weg gefunden hat,
so lernt man aufs Neue, Vertrauen zu fassen.
Vertrauen auf den Beistand „von oben",
Vertrauen in die eigenen Fähigkeiten,
mit deren Hilfe man die Herausforderungen
meistern kann.

Vielleicht sehen wir das aktuelle „Hindernis" in
unserem Leben einmal unter diesem Gesichtspunkt:
Dass auch dies eine Erfahrung darstellt,
eine Situation, die sich mit Hilfe „von oben" und
der eigenen Fähigkeiten wieder wird meistern lassen.
Ein Hindernis, aus dem heraus man –
im Vertrauen auf den Lauf der Schöpfung –
wachsen kann.

Mein Freund

Du bist der Freund,
nach dem ich mich immer sehnte.

Du verstehst mich,
Du urteilst nicht,
Du bist voller Güte
und doch voller Kraft.

Drum bitte ich Dich,
dass mich Deine Liebe sicher durch ein
möglichst glückliches, gesundes Leben geleite.
Danke.

Führe Du mich...

Führe Du mich,
mein himmlischer Freund,
durch diese schwierige Zeit.
Mach Du mich bitte
für einen neuen Anfang bereit.
Danke.

Im Vertrauen auf Dich

Im Gebet spreche ich zu Dir,
in der Stille höre ich auf Dich.
Im alltäglichen Tun baue ich auf Dich,
in meinen schönsten Träumen
schaue ich auf Dich.

Und im immerwiederkehrenden Vertrauen
auf Dich, guter Gott,
werde ich jeden Tag
aufs Neue gestärkt.

Ebenfalls von Franz Hübner sind zahlreiche weitere
christliche Geschenk- und Kinderbücher erschienen.

Bitte fragen Sie Ihren Buchhändler
oder fordern Sie einen Prospekt an bei:

© 2015 Wunderland-Verlag
        Mühlstrasse 117
        63741 Aschaffenburg
        www.wunderlandverlag.de

Alle Rechte vorbehalten.

Fotos: Cover   © Gino Santa Maria- Fotolia
              Seite 4 © photolens - Fotolia
              Seite 9 © Iryna Shpulak - Fotolia
              Seite 13 © Tilio & Paolo - Fotolia
              Seite 16 © olly - Fotolia
              Seite 21 © Шпорт Олександр - Fotolia.com
Texte: Franz Hübner
Gestaltung: Christine Hübner
Druck: Klardruck, Marktheidenfeld

Nachdruck, auch auszugsweise,
nur mit Genehmigung des Verlages.

ISBN : 978-3-9811858-1-2